Jérôme Goutier

LES ARBRES DU JARDIN
et de la forêt

Editions Rustica

ALLEZ À L'ESSENTIEL

Feuillage caduc ou persistant.

Hauteur.

Nature du sol.

Époque de floraison.

Époque de fructification.

Dépôt légal : septembre 1990.
ISSN 1142-3226. ISBN 2-205-03991-1.

Conception maquette : Khéops.
Photographies : Christian Hochet-Rustica, M. Lamontagne (couverture), Berthoule-Nature (p. 41), M. Viard-Odyssey (p. 15, 53, 79), A. Schreiner (p. 65). Avec l'aimable participation de l'Arboretum de Chèvreloup, 78150 Rocquencourt. **Dessins** : Frédéric Faye.

Imprimé en France par Ouest Impressions Oberthur - Rennes - N° 10940

SACHEZ LE RETROUVER

Vous ignorez le nom de l'arbre recherché, mais sa feuille a un bord lisse ou au contraire hérissé de petites dents... Rattachez chaque arbre à l'un des groupes déterminés, sans souci botanique, et vous saurez où le retrouver dans ce livre.

• ***FEUILLUS***

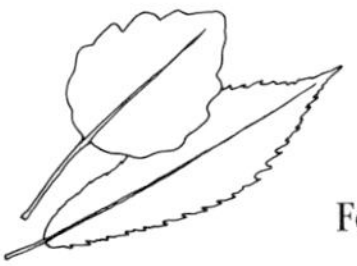

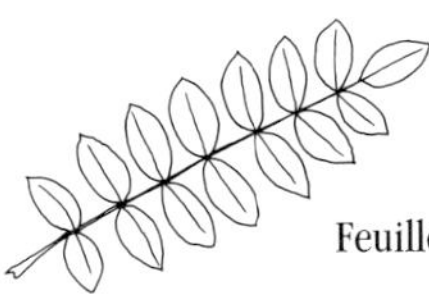

• ***CONIFÈRES***

ARBRE DE JUDÉE

Famille des Légumineuses

L'arbre de Judée se remarque avant tout au printemps alors que les fleurs rose pourpré naissent sur le bois nu et même sur le tronc. Ensuite, se développent de jolies feuilles alternes, presque circulaires avec une base en cœur. L'arbre revêt une silhouette irrégulière, souvent pendante. L'écorce se fissure profondément.

Cette espèce vit à l'état sauvage dans les lieux secs de la région méditerranéenne et d'Asie occidentale.

Feuilles caduques, typiquement réniformes, se teintant parfois d'or à l'automne.

Adulte : 10 m. Croissance assez rapide.

Assez indifférent à la nature du sol, il est spontané sur terrain plutôt sec, rocailleux.

Fleurs rose pourpré avant les feuilles, en avril-mai.

Les gousses de fruits vertes puis rouges, avant de virer au marron, restent sur l'arbre tout l'hiver.

Au jardin

Plantez l'arbre de Judée en un lieu dégagé, bien ensoleillé, en toutes régions, sauf en altitude. Tous les sols conviennent pourvu qu'ils soient bien drainés : cette espèce accepte même les sols les plus secs, à condition de prodiguer de copieux arrosages les premiers étés. Dans ce cas, installez de préférence des végétaux de petite taille qui s'adapteront mieux.

Formes voisines

C'est la seule espèce du genre à proliférer sous nos climats. Outre la variété commune à fleurs rose pourpré, ont été assez récemment sélectionnés un clone à fleurs blanches et un à fleurs pourpres, encore rares.

Utilisation

Réservez cet arbre aux grands jardins. Toutefois, dans un jardinet à terrain ingrat, vous pouvez l'adopter : il a toutes les chances de former un grand buisson, comme dans les terrains incultes où il pousse spontanément.

A noter

Selon une légende, son nom s'explique par le fait que c'est à cet arbre que Judas se pendit.

Cercis siliquastrum

CHÊNE-LIÈGE

Famille des Fagacées

Essentiellement cultivé pour son écorce — donnant le liège — dans tous les pays de l'ouest du Bassin méditerranéen, cet arbre ressemble comme un frère au chêne vert, en compagnie duquel il se trouve souvent. Il en diffère par le revers gris blanchâtre de ses feuilles. En outre, il ne supporte pas les climats plus froids que celui du Midi, à la différence du chêne vert.

Feuillage persistant, très coriace, vert foncé brillant avec un revers duveteux, gris blanchâtre.

Adulte : 6-10 m, rarement 20 m. Croissance assez lente.

Il préfère un sol non calcaire et un lieu chaud, ensoleillé.

Les chatons mâles, verts, et les petites fleurs femelles, à l'aisselle des jeunes feuilles, apparaissent en mai-juin.

En octobre, glands ovales, 3 cm, enfoncés dans une cupule sur plus de la moitié.

Au jardin

Assez sensible au froid, ce chêne ne réussit que dans le Midi : n'essayez pas de le cultiver en d'autres régions. Plantez-le au soleil, dans un milieu chaud en terrain sec, non calcaire. Préférez une mise en place au printemps.

Formes voisines

*Le chêne vert (*Quercus ilex*) est présenté en page 26. Le chêne-liège « occidentalis », ou corcier des Landes, plus rustique, accepte de pousser jusqu'en Anjou. Cette variété diffère du type par ses fruits qui mettent deux ans à mûrir au lieu d'un. En outre, son feuillage se renouvelle chaque printemps à la fin avril.*

Utilisation

Isolez de préférence cet arbre afin de bien mettre en valeur son tronc tortueux et crevassé, réellement beau, et sa cime intéressante par ses branches à la silhouette tourmentée.

A noter

Dans les arbres exploités pour la production de liège, l'écorce, une fois détachée, laisse apparaître un bois rouge superbe.

Quercus suber

NÉFLIER COMMUN

Famille des Rosacées

Originaire du sud-est de l'Europe — ce que ne sous-entend pas son nom latin —, ce petit arbre fort rustique fut autrefois très cultivé pour ses petits fruits : il est même devenu sauvage en certaines régions.

Doté d'un joli feuillage, de fleurs simples admirables, d'une superbe coloration automnale et d'une silhouette tordue intéressante, il gagne à être redécouvert et davantage planté dans nos jardins.

Feuillage caduc, vert mat, à revers tomenteux, s'illuminant en jaune, rouge et brun à l'automne.

Adulte : 5-7 m (parfois arbustif). Croissance assez rapide.

Il aime un sol riche, plutôt frais, aussi bien au soleil qu'à mi-ombre.

En mai-juin, grandes fleurs blanches, simples, à nombreuses étamines (de 25 à 40 par fleur).

Les fruits bruns ou nèfles apparaissent fin octobre-novembre.

Au jardin

Plantez-le durant la mauvaise saison dans une terre restant assez fraîche l'été, que vous enrichirez de fumier ou de compost bien décomposé. L'arbre tolère toutes les expositions, mais vous éviterez toutefois l'ombre épaisse.

Espèce voisine

Il n'y a, en fait, pas d'espèce voisine. Le néflier du Japon, de culture plus méridionale, appartient à un genre différent : Eriobotrya japonica.

Utilisation

Isolez ce petit arbre pour mettre en valeur son architecture pittoresque ou plantez-le au sein d'une haie « bocagère » composée de différents arbustes à fleurs.

A noter

Curieusement, les nèfles ne sont comestibles qu'après les premières légères gelées de l'automne, alors qu'elles sont devenues blettes.

Mespilus germanica

OLIVIER

Famille des Oléacées

Arbre typique de la région méditerranéenne où il est cultivé depuis des temps immémoriaux, l'olivier se développe très lentement mais vit extrêmement longtemps : certains spécimens dépassent 2 000 ans ! Mentionné dans l'Ancien Testament, l'olivier était encore fort apprécié pour son bois et son huile dans la Grèce antique. Un superbe arbre de légende qui devrait reconquérir davantage les jardins méditerranéens.

Feuillage persistant, vert à revers blanc et argent.

Adulte : 12-15 m. Croissance très lente.

Il supporte un sol sec, rocheux, au soleil, mais pousse mieux en terrain riche, irrigable.

De juin à août, petites fleurs blanches parfumées.

Fructification en septembre-octobre.

Au jardin

Plantez-le sans crainte dans la « zone de l'olivier », jusqu'à 60 km vers l'intérieur à partir de la côte dans la vallée du Rhône, 100 km environ dans les Alpes-Maritimes. Ailleurs, essayez-le sur les zones côtières, en un lieu chaud, bien abrité.

Variété

Le cultivar 'Pyramidalis' offre un port pyramidal intéressant.

Utilisation

Dans les jardins méditerranéens, faites jouer le feuillage de l'olivier avec les tons gris argenté des armoises, pittosporums, cinéraires... Plantez cet arbre à proximité des habitations pour profiter de son léger ombrage et du parfum enivrant de sa floraison au cœur des beaux jours.

A noter

En redevenant sauvage dans les maquis du Midi, l'olivier retrouve des épines et forme un buisson de 5 à 6 m de haut, dénommé oléastre. La forme cultivée est, elle, absolument dépourvue d'épines.

Olea europaea

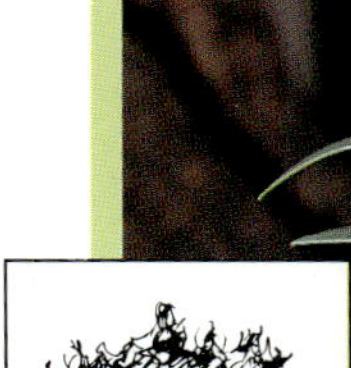

ALISIER BLANC

Famille des Rosacées

Parfaitement résistant et rustique, il montre une préférence pour les sols de nature crayeuse et les expositions ensoleillées. Sa silhouette demeure souvent arbustive. Les baies ou alises, qui mûrissent en automne, persistent longtemps, assurant un décor jusqu'en hiver.

Ce joli petit arbre est répandu dans toutes les forêts d'Europe.

Feuillage caduc, épais, à revers tomenteux blanchâtre, muant en or et roux à l'automne.

Adulte : 6-12 m. Croissance assez rapide.

Il apprécie un sol assez sec et une exposition ensoleillée.

En mai-juin, fleurs blanches en corymbes.

Baies ovales, rouge orangé, en septembre-octobre.

Au jardin

Idéal en terrain calcaire, voire crayeux, l'alisier blanc s'accommode également de tous les autres types de sol pourvu qu'ils soient secs. Plantez-le dès la chute des feuilles.

Espèces voisines

*L'alisier de Fontainebleau (*Sorbus latifolia*), 16 m, répandu en Europe centrale, avec des feuilles argentées au revers et des fruits rouge-brun. L'alisier du Nord (*Sorbus intermedia*), 12-15 m, commun au nord de l'Allemagne et au sud de la Scandinavie. Les feuilles ont un revers feutré, gris, les jeunes pousses sont laineuses, les fruits rouge orangé. L'alisier torminal (*Sorbus torminalis*), présenté page 48. Le cormier (*Sorbus domestica*), 15-20 m, originaire du sud de l'Europe et d'Afrique du Nord. Ses feuilles vertes sont composées, ses gros fruits ou cormes présentent l'aspect de petites poires. Le sorbier des oiseleurs (*Sorbus aucuparia*), voir page 62.*

A noter

Apte à supporter la pollution atmosphérique, il est idéal pour les jardins des villes. De plus, il résiste bien aux embruns et devrait être davantage planté en régions côtières.

Sorbus aria

ARBOUSIER

Famille des Éricacées

Surnommé arbre aux fraises à cause de ses curieux fruits, l'arbousier est commun en région méditerranéenne et remonte jusqu'au sud-ouest de l'Irlande en passant par la côte atlantique. Ce joli petit arbre persistant fleurit et fructifie en même temps, durant la mauvaise saison, car les arbouses mettent un an à mûrir. Autre atout, l'écorce se lacérant et devenant rugueuse et très écailleuse avec l'âge.

Feuillage persistant, foncé, brillant, avec les jeunes pousses rougeâtres.

Adulte : 5-6 m, parfois 10 m. Croissance assez lente.

Il est à l'aise en tout sol bien drainé, à exposition ensoleillée.

D'octobre à décembre, fleurs blanches ou rosées en panicules pendantes.

D'octobre à décembre également, baies jaunâtres, rouge vif à maturité, à goût fade, acidulé.

Au jardin

Réservez ce petit arbre aux jardins des régions les plus douces : Midi, littoral ouest. Plantez-le dans un endroit ensoleillé, en fin de printemps quand le sol est déjà bien réchauffé.

Espèce voisine

*L'arbousier andrachne (*Arbutus andrachne*), 10-12 m, répandu à l'est du Bassin méditerranéen, à baies beaucoup plus petites, et écorce lisse, marquée de stries chez les jeunes sujets.*

Utilisation

Mettez l'arbousier en valeur pour profiter pleinement de sa floraison et de sa fructification, concomitantes à la fin de l'année. Associez-le à d'autres persistants comme les eucalyptus, contrastant par leur feuillage bleuté et leur silhouette filiforme.

A noter

L'arbousier est une des rares plantes de la famille des Éricacées (qui compte notamment les rhododendrons) à tolérer les sols calcaires.

Arbutus unedo

AUNE GLUTINEUX

Famille des Bétulacées

Cet aune se reconnaît à ses bourgeons violets, à son écorce brun-noir et à ses chatons dorés qui illuminent la silhouette dépouillée de l'arbre au début du printemps. S'il porte le qualicatif de glutineux, c'est à cause de ses jeunes pousses, très résineuses.

On le rencontre dans toutes les régions de l'Europe, ainsi que dans l'ouest de l'Asie et l'Afrique du Nord.

Feuillage caduc, vert très foncé.

Adulte : 25 m. Croissance rapide.

Il pousse en sol humide, à exposition ensoleillée.

En mars-avril, chatons mâles pourpres puis jaunes, par 2 ou 3 ; chatons femelles pourpres puis verdâtres, de 2 à 8.

En été, cônes persistants ou strobiles.

Au jardin

Plantez l'aune glutineux entre novembre et mars dans un sol léger ou pierreux, peu importe pourvu qu'il conserve en toute saison une bonne humidité. L'arbre exige cependant une bonne luminosité.

Espèces voisines

*L'aune blanc (*Alnus incana*), 3-15 m, à écorce gris clair, répandu au centre et au nord de l'Europe. L'aune de Corse (*Alnus cordata*), 10-15 m, à feuillage vert brillant, originaire de Corse et du sud de l'Italie.*

Utilisation

Tous les aunes trouvent leur bonheur dans les terrains très humides, inondés temporairement ou non. Installez-les donc par groupes, carrément au bord de cours d'eau ou d'étangs, ou en terrains marécageux.

A noter

Monoïque, l'aune glutineux porte donc des chatons mâles et femelles sur le même arbre. Une curiosité : ces chatons, ou strobiles, sont persistants. En effet, à maturité, ils prennent une forme conique avec des écailles ligneuses, se colorent en brun foncé à maturité et restent sur l'arbre tout l'hiver.

Alnus glutinosa

BOULEAU PUBESCENT

Famille des Bétulacées

Le bouleau pubescent se montre avide d'humidité. Il se distingue par des rameaux brun rougeâtre, légèrement pubescents, érigés comme des balais. Il se reconnaît également à son écorce lisse, plutôt rougeâtre, rugueuse chez les vieux sujets.

Il est originaire des forêts de marécages et des tourbières de l'Europe, sous toutes les latitudes (en montagne au sud).

Feuillage caduc, à revers argenté, avec un fin duvet le long de la nervure.

Adulte : 20-25 m. Croissance rapide.

Il exige un sol humide et une exposition mi-ombragée.

Chatons en avril-mai.

Chatons à maturité en juillet-août.

Au jardin

Installez ce bouleau en sol marécageux et à mi-ombre de préférence. Plantez-le entre novembre et mars, les jours où il ne gèle pas. N'hésitez pas à incorporer une bonne dose de tourbe à la terre lors de la mise en place.

Espèces voisines

*Le bouleau verruqueux (*Betula verrucosa*) — voir page 20 — à port léger et écorce blanche, fissurée et sillonnée chez les sujets âgés. Originaires d'autres continents, les espèces suivantes sont couramment plantées pour leur beauté. Ainsi, le bouleau noir (*Betula nigra*), de l'est des U.S.A., à écorce rugueuse brun-rouge ; le bouleau d'Erman (*Betula ermanii*), du nord-est de l'Asie, dont l'écorce s'exfolie en fines lanières ; le bouleau de Maximowicz (*Betula maximowicziana*), du Japon, à feuilles énormes et rameaux brun orangé.*

Utilisation

Essayez d'imiter la nature en rapprochant de très près — 1 m maximum entre chaque pied, voire moins — plusieurs bouleaux pubescents. Créez ainsi diverses touffes en alternant des groupes d'autres espèces de bouleaux qui contrasteront par leur écorce et leur feuillage.

Betula pubescens

BOULEAU VERRUQUEUX

Famille des Bétulacées

Ce bouleau européen diffère de l'espèce commune dans nos régions (le bouleau pubescent) par ses rameaux rugueux, verruqueux, pendants à leur naissance, ses feuilles losangées, très découpées, et sa présence dans des sols nettement plus secs. Il est répandu dans toutes les régions d'Europe (au sud dans les montagnes), ainsi qu'en Asie mineure. L'écorce du tronc se détache en lamelles, laissant des marques noires en losange.

Feuillage caduc, léger, vert, glabre sur les 2 faces.

Adulte : 20 m. Croissance rapide.

Il aime un sol sablonneux, à exposition ensoleillée.

De mars à mai, chatons mâles brunâtres puis jaune pâle, chatons femelles verdâtres.

Chatons bruns à maturité en juillet-août.

Au jardin

Plantez le bouleau verruqueux dans un sol léger, en plein soleil. Pour adapter cette espèce dans un terrain de nature lourde, allégez le sol en incorporant de bonnes quantités de tourbe blonde et de sable grossier que vous mélangez intimement à la terre enlevée. La plantation s'effectue tout l'hiver de la chute des feuilles au débourrement.

Espèces voisines

Le bouleau pubescent (Betula pubescens), *20-25 m, commun en Europe, à écorce lisse et rameaux légèrement pubescents, voir p. 18. Les autres espèces de bouleaux ont été introduites d'autres continents.*

Utilisation

Ne supportant pas l'ombre, le bouleau verruqueux doit être placé en plein soleil. Ne l'installez donc pas sous le couvert d'autres arbres. Isolez-le de préférence, par groupe de 3 ou 5 sujets, afin de bien mettre en valeur les troncs à l'écorce superbe.

A noter

Les feuilles de ce bouleau sont dotées de nombreuses vertus médicinales : ainsi servent-elles, entre autres, à diverses préparations homéopathiques.

Betula verrucosa
Betula pendula

CHARME COMMUN

Famille des Corylacées

Supportant bien tailles et élagages, le charme commun est souvent mené en haies ou en charmilles. En automne, son feuillage se métamorphose en jaune puis en un subtil coloris tabac. L'écorce grise est lisse puis devient cannelée. A l'état sauvage, il peuple les forêts, des plaines à 1 300 m d'altitude, des Pyrénées au sud de la Scandinavie, et jusqu'en Turquie.

Feuillage caduc, vert brillant.

Adulte : 20 m. Croissance assez rapide.

Il apprécie un sol frais, et une exposition lumineuse.

En avril-mai, chatons mâles jaune verdâtre, chatons femelles verts.

En octobre, fruits en petits akènes aplatis.

Au jardin

Plantez-le durant la mauvaise saison, les jours où il ne gèle pas. Choisissez un sol frais, argileux ou légèrement calcaire,et une exposition ensoleillée, pouvant à la rigueur être ombragée un petit peu dans la journée.

Espèces voisines

*C'est la seule espèce vraiment européenne : elle comporte de nombreuses variétés. Parmi les charmes issus d'autres continents, que l'on peut trouver dans des parcs, notons le charme d'Amérique (*Carpinus caroliniana*) et le* Carpinus japonica.

Utilisation

Non seulement cet arbre se prête naturellement à la réalisation de charmilles, de rideaux ou d'allées, mais il se montre également superbe planté en isolé, avec sa silhouette généralement régulière.

A noter

Le charme commun comme toutes les autres espèces de charmes ne vit guère vieux : pas plus de 100 ans en général.

Carpinus betulus

CHÊNE VERT

Famille des Fagacées

A la différence du chêne-liège, cette espèce méridionale très voisine, également persistante, s'acclimate fort bien dans les régions septentrionales, jusqu'en Grande-Bretagne, surtout à proximité du littoral. La limite de culture à l'Est est la région parisienne, où il forme toutefois un arbre moins imposant que dans le Midi. Voilà un arbre très souple en ce qui concerne le sol et l'exposition.

Feuillage persistant, très coriace, vert sombre brillant, à revers gris duveteux.

Adulte : 20 m. Croissance assez lente.

Il est assez indifférent à la nature du sol qui doit être bien drainé ; exposition ensoleillée de préférence.

En mai-juin, chatons mâles verdâtres.

En octobre, glands (2-3 cm) à moitié inclus dans la cupule.

Au jardin

Cet arbre admet tous les sols bien drainés, même calcaires, à partir du moment où vous le plantez en un lieu chaud et ensoleillé. Installez-le de préférence au printemps.

Espèces voisines

*Le chêne-liège (*Quercus suber*), vu page 6. Le chêne hybride de Turner (*Quercus x turneri*), un semi-persistant à feuilles pratiquement lisses. Le chêne des Pyrénées* (Quercus pyrenaica), *petit arbre caduc, dont le tronc est tordu et crevassé. Le chêne de Hongrie (*Quercus frainetto*), vigoureuse espèce caduque dont le feuillage vert foncé brunit en automne avant de tomber.*

Utilisation

Ce persistant méridional réussit bien sur tout le littoral ouest où il constitue d'appréciables brise-vent : plantez-le alors en alignement. Il supporte parfaitement la taille et peut donc former d'épais écrans.

A noter

Le vert sombre sévère du feuillage se trouve constamment adouci par le duvet gris du revers. Cela est encore amplifié au printemps, les jeunes pousses naissant enrobées d'un duvet gris et les nouvelles feuilles apparaissant blanchâtres.

Quercus ilex

HÊTRE COMMUN

Famille des Fagacées

Espèce forestière importante dans les régions à climat frais l'été, le hêtre commun est répandu partout en Europe sauf dans le sud-est. Il prend un port majestueux lorsqu'il est cultivé isolé. C'est un arbre peu planté dans nos jardins, malgré sa vigueur, son joli coloris automnal et sa grande tolérance au niveau des sols. Le tronc ne s'exfolie pas et offre une écorce lisse, gris terne, devenant rugueuse avec l'âge.

Feuillage caduc, partiellement marcescent, vert, devenant roux l'automne.

Adulte : 30-35 m. Croissance rapide.

Il aime un sol bien drainé, restant frais de préférence en été, de toute nature sauf argile, et vient à l'ombre.

En mai, fleurs mâles en grappes jaune clair, les femelles vertes, par paires.

En septembre-octobre, faines tétraédriques, pointues, brun brillant, 2 cm.

Au jardin

Plantez-le à toute exposition dans un sol bien drainé restant de préférence frais l'été, en évitant particulièrement les terres lourdes, argileuses. Installez-le entre novembre et mars, les jours où il ne gèle pas.

Espèce et variété

Le fameux hêtre pourpre n'est autre que la forme 'Purpurea' de ce type. Il existe en outre de nombreuses formes greffées. Le hêtre d'Orient (Fagus orientalis), *très proche du hêtre commun, s'avère plus vigoureux dans sa jeunesse, avec des feuilles un peu plus grandes et une écorce nettement sillonnée. Il remplace le hêtre commun dans le sud-est de l'Europe.*

Utilisation

Magnifique en isolé, l'arbre constitue aussi de fort belles allées, et peut former des brise-vent se taillant aussi facilement qu'une charmille. Il convient alors d'espacer chaque arbre de 1,50 – 2,50 m.

A noter

Atout non négligeable du hêtre commun, son feuillage partiellement marcescent (il flétrit mais reste sur l'arbre une grande partie de l'hiver après avoir pris son coloris roux).

Fagus sylvatica

MERISIER

Famille des Rosacées

Très répandu dans toutes les régions d'Europe, le vrai merisier devient difficile à différencier des cerisiers cultivés, retournés à l'état sauvage. Cet arbre se distingue par une écorce superbe, se fissurant avec l'âge ; son bois est utilisé depuis toujours en ébénisterie.

Feuillage caduc, vert foncé, assez brillant au revers.

Adulte : 30 m. Croissance rapide.

Il aime un sol profond, riche et frais, au soleil ou à mi-ombre.

Floraison en avril-mai.

Fructification de juin à août.

Au jardin

Fréquent dans les haies, le merisier est surtout utilisé pour greffer des variétés de cerises. N'hésitez pas cependant à en laisser pousser au moins un spécimen pour sa beauté spécifique.

Espèces voisines

Le Prunus *est un genre immense qui compte plus de 200 espèces. La plupart sont originaires d'autres continents et ont donné, par hybridation, les fameux cerisiers à fleurs, décoratifs par leur écorce et leur floraison : ainsi, le cerisier du Japon (*Prunus serrulata*) ou le* Prunus sargentii.

Parmi les Prunus *originaires d'Europe, citons le cerisier à grappes (*Prunus padus*), 10 m à floraison odorante ; le griottier (*Prunus cerasus*), 10 m, connu pour ses fruits acides : les griottes ; l'amandier (*Prunus amygdalus*), 8 m.*

Utilisation

Ce grand arbre sauvage est tout simplement majestueux lorsqu'il épanouit ses fleurs blanches. Comme sa floraison est précoce, il peut être placé sous le couvert d'autres arbres dont les feuilles ne seront alors pas encore développées.

Prunus avium

MICOCOULIER

Famille des Ulmacées

Curieusement, le genre Celtis *était beaucoup plus répandu à l'ère tertiaire que de nos jours. Originaire du sud de l'Europe, d'Afrique du Nord et du sud-ouest de l'Asie, le micocoulier ne se montre guère enclin à pousser dans les régions septentrionales : c'est un arbre à réserver à la zone de l'olivier, à peine agrandie.*

Feuillage caduc, avec un long pétiole, vert foncé, rugueux, à revers gris, duveteux.

Adulte : 20-25 m. Croissance rapide.

Il se plaît dans un sol profond, riche et humide, avec une exposition lumineuse.

En mars-avril, fleurs vert jaunâtre, discrètes.

En septembre, fruits sphériques, comestibles, mais assez fades, noirs à maturité.

Au jardin

Dans le Midi seulement, plantez le micocoulier à bonne exposition, en terrain fertile, restant humide l'été, sans être détrempé à la mauvaise saison. Mettez-le en place dès la fin novembre afin qu'il profite des pluies de l'hiver.

Espèces voisines

Pas d'autres Celtis *en Europe. Citons toutefois le micocoulier de Virginie (*Celtis occidentalis*), 25 m, rarement 40 m, un cousin du micocoulier venu de l'est des États-Unis, souvent planté dans nos jardins.*

Utilisation

Isolez de préférence cet arbre si ornemental, ou groupez 2 ou 3 jeunes sujets, à la manière des bouleaux, afin d'obtenir par la suite un effet étonnant de troncs rapprochés.

Celtis australis

MÛRIER NOIR

Famille des Moracées

Originaire d'Asie, le mûrier noir semble s'être naturalisé en Europe puisqu'on le cultive depuis l'Antiquité dans les régions méridionales. Ce petit arbre caduc, doté d'une silhouette architecturale, produit, durant l'été, de petits fruits foncés ou mûres, ressemblant aux fruits des ronces, pour lesquelles il était fort apprécié autrefois.

Feuillage caduc, vert pâle, avec des poils rugueux à l'avers, avec un revers duveteux.

Adulte : 10-15 m. Croissance assez rapide.

Il nécessite un sol bien drainé, riche, profond, non acide, en un lieu chaud et ensoleillé.

En mai-juin, chatons mâles vert pâle, courts et épais, inflorescences femelles encore plus petites.

Fruits comestibles, à goût agréable, pourpre foncé, en juillet-août.

Au jardin

Réservez ce mûrier de préférence au Midi où il réussit mieux que dans les régions septentrionales. Ou installez-le à la rigueur dans un jardin du littoral, bien à l'abri, voire dans un jardin de ville. Plantez-le durant la mauvaise saison, dans un sol enrichi de fumier ou de compost bien décomposé, et choisissez un emplacement chaud.

Espèces voisines

*Le mûrier blanc (*Morus alba*), 10-15 m, originaire de Chine, mais cultivé depuis fort longtemps et naturalisé au sud de l'Europe pour l'élevage du ver à soie. Le mûrier à feuilles de platane (*Morus kagayamae*), 6 m, issu du Japon et introduit dans nos jardins comme petit arbre ornemental.*

Utilisation

Isolez le mûrier noir afin de mettre en valeur sa silhouette qui devient pittoresque avec l'âge.

A noter

Autrefois, ce petit arbre figurait dans tous les potagers des manoirs, presbytères, belles demeures... Ses fruits étaient en effet fort prisés à une époque où ils comptaient comme des raretés. On les utilisait entre autres pour confectionner du sirop de mûres, censé guérir les maux de gorge.

Morus nigra

NOISETIER

Famille des Corylacées

Répandu en Europe, mais aussi en Afrique du Nord et en Asie occidentale, le noisetier est vraiment le roi de nos haies et terrains boisés. Ce petit arbre buissonnant a le don en effet de se plaire partout, sauf à l'ombre épaisse. Il est apprécié évidemment pour ses fruits, mais aussi pour ses jolis chatons pendants qui marquent le tout début du printemps.

Feuillage caduc, vert devenant jaune l'automne.

Adulte : 3-5 m. Croissance rapide.

Il accepte tout sol, sauf très humide ou très acide, et toute exposition, sauf ombre dense.

De janvier à mars, chatons mâles longs, pendants, jaunes, chatons femelles minuscules.

En septembre-octobre, noisettes enfermées dans une coque ligneuse qui se trouve à l'intérieur d'un involucre foliacé à bords découpés.

Au jardin

Préférez un sol plutôt riche et bien frais, mais sans humidité, ni acidité excessives. Plantez le noisetier entre novembre et mars, les jours où il ne gèle pas.

Espèces voisines

*Le noisetier de Byzance (*Corylus colurna*), un grand arbre (20 m) originaire du sud-est de l'Europe et de l'ouest de l'Asie. Il se plaît davantage dans les régions à été chaud. Cette espèce offre une silhouette conique, parfaitement symétrique et produit aussi des noisettes comestibles. Ses feuilles vert foncé sont amples et ovales ; son écorce devient liégeuse et se creuse de sillons profonds.*
Le Corylus maxima *(5 m), originaire des Balkans et d'Asie Mineure. Ce petit arbre à port étalé, qui mûrit également des noisettes, est surtout cultivé dans sa forme 'Purpurea' à feuillage pourpre.*

Utilisation

Le noisetier est idéal pour constituer des écrans brise-vent. Menez-le donc en haies, en plantant un pied tous les 1,50 m.

Corylus avellana

PEUPLIER BLANC

Famille des Salicacées

Voilà un arbre admirable avant tout par son feuillage : il naît carrément blanc au printemps, après des bourgeons blancs, laineux, puis cette teinte ne persiste qu'au revers et prédomine aux moindres brises. Le peuplier blanc forme un arbre vigoureux, à tronc massif.

On le trouve dans toute l'Europe, le long des cours d'eau et dans les forêts, jusqu'à la Sibérie et l'Asie centrale.

Feuillage caduc, vert avec un revers duveteux, blanchâtre.

Adulte : 30 m. Croissance rapide.

Plantez-le en sol léger, à exposition dégagée et ensoleillée.

En mars-avril, chatons mâles blanchâtres, épais, pendants, chatons femelles de même aspect, jaune verdâtre.

Chatons à maturité en juin.

Au jardin

Plantez-le en sol léger, de type sablonneux, humide ou non, peu importe. Dans un terrain lourd, incorporez une dose massive de tourbe blonde et de sable grossier que vous mélangez intimement à la terre pour l'alléger. Effectuez la mise en place entre novembre et mars.

Espèces voisines

*Le peuplier gris (*Populus canescens*), présenté page 40.*
*Le tremble (*Populus tremula*), voir page 46.*

Utilisation

Installez cet arbre isolé de préférence. Dans les régions ventées du littoral, planté en écran, il constitue un bon brise-vent.

A noter

Le peuplier blanc drageonne beaucoup ; aussi faut-il surveiller avec soin les alentours des arbres afin qu'ils ne soient pas envahis. L'avantage est que durant l'hiver, vous pouvez prélever de jeunes rejets déjà tout enracinés qui constituent autant de nouveaux arbres.

Populus alba

PEUPLIER GRIS

Famille des Salicacées

*Le peuplier gris résulte tout simplement d'une hybridation entre le peuplier blanc (*Populus alba*) et le tremble (*Populus tremula*) : cette hybridation s'est produite en des temps très reculés, puisque l'hybride résultant s'est naturalisé partout en Europe et dans l'ouest de l'Asie. L'arbre étonne par sa vigueur. On le trouve surtout dans les terrains alluviaux et le long des cours d'eau.*

Feuillage caduc, vert foncé à revers duveteux blanc-gris.

Adulte : 30-40 m. Croissance rapide.

Plantez-le en sol léger et humide, le long de cours d'eau par exemple au soleil.

Chatons mâles et femelles verdâtres, en février-mars.

Chatons à maturité en août.

Au jardin

Installez le peuplier gris en terrain léger et humide, voire en sol de nature crayeuse, qu'il supporte bien. Dans ce cas, incorporez une bonne dose de tourbe lors de la plantation. Mettez-le en place pendant l'hiver en proscrivant bien sur les jours de gel.

Espèces voisines

*Le peuplier blanc (*Populus alba*), présenté page 38 et le tremble (*Populus tremula*), voir page 46.*

Utilisation

Plantez ces grands arbres pour former des rideaux le long d'un cours d'eau ou d'une pièce d'eau. Espacez alors chaque pied de 4 à 5 m. Avant la mise en place, songez que le peuplier grisard est vraiment féerique au printemps ainsi qu'en automne lorsque ses feuilles se parent de jaune et parfois de rouge.

A noter

Au moment du débourrement, l'arbre offre un spectacle magnifique avec un feuillage tout de blanc immaculé : les feuilles sont en effet entièrement couvertes d'un duvet blanc-gris, duvet qu'elles perdent par la suite à leur face supérieure qui devient vert foncé.

Populus canescens

SAULE BLANC

Famille des Salicacées

Un feuillage entièrement fait de soies blanches... C'est ainsi qu'apparaît le saule blanc aux premiers jours du printemps. Ensuite, le feuillage mue en un vert grisâtre à l'avers, le revers restant argenté.

Ce saule est originaire d'Europe ainsi que de l'ouest et du sud de l'Asie : il est surtout répandu le long des cours d'eau.

Feuillage caduc, vert grisâtre, avec au revers des poils argent bleuté.

Adulte : 6-25 m. Croissance rapide.

Il se plaît en sol léger à toute exposition.

En avril-mai, les chatons apparaissant avec les jeunes feuilles.

Chatons à maturité en juin.

Au jardin

Plantez le saule blanc en sol léger, humide de préférence, mais l'arbre peut s'accommoder également d'un terrain sec, moyennant un apport de tourbe. Installez-le entre novembre et mars, les jours où il ne gèle pas.

Espèces voisines

Le Salix fragilis, *12-15 m, pousse souvent en compagnie du saule blanc ; il s'en distingue par sa couronne très ronde et ses branches largement étalées.*

*Le saule marsault (*Salix caprea*), 3-6 m, un autre habitué des lieux humides, qui produit de superbes chatons en fin d'hiver.*

*L'osier blanc (*Salix viminalis*), 6-10 m, très cultivé, qui réussit même en terrain calcaire.*

Utilisation

Ce saule vigoureux s'avère idéal dans tous les sols sablonneux des régions côtières. Il meuble aussi joliment les rives des pièces d'eau et des cours d'eau, ainsi que tous les endroits humides.

Salix alba

TILLEUL À PETITES FEUILLES

Famille des Tiliacées

Cet arbre imposant se rencontre dans les forêts de chênes et de charmes en habitat assez dispersé. Au fil des années, son écorce, lisse chez les jeunes sujets, devient sillonnée. Très résistant au froid, il supporte bien les élagages, ce qui explique sa présence en de nombreuses villes.

Voilà un tilleul que l'on trouve encore sauvage dans presque toute l'Europe, sauf le Grand Nord, avec une prédominance dans les régions méridionales.

Feuillage caduc, vert foncé brillant à l'avers, vert bleuté au revers avec des poils rouille le long des nervures.

Adulte : 30 m. Croissance rapide.

Plantez-le en sol frais, à exposition ensoleillée.

En juin-juillet, fleurs ivoire, très odorantes, groupées en inflorescences de 4 à 12.

Fructification en août-septembre.

Au jardin

Plantez le tilleul à petites feuilles dans un terrain frais, pas trop acide, en un lieu bien dégagé. Installez-le de préférence dès la chute des feuilles, et veillez à mélanger de la tourbe blonde à la terre.

Espèces voisines

*Le tilleul à grandes feuilles (*Tilia platyphyllos*), répandu surtout au sud de l'Europe, à feuilles deux fois plus grandes. Le croisement de cette espèce avec le tilleul à petites feuilles a engendré un hybride fertile, le tilleul de Hollande (*Tilia x europaea*).*

*Le tilleul argenté (*Tilia tomentosa*), originaire du sud-est de l'Europe et d'Asie mineure, où il pousse souvent en forêt : il a été introduit dans nos jardins et avenues il y a plus de 2 siècles.*

Utilisation

C'est planté en isolé que le tilleul à petites feuilles prendra toute son ampleur. Néanmoins, cette espèce constitue aussi de séduisants rideaux et vous pouvez la planter également le long d'une allée, en disposant un pied tous les 6-7 m.

Tilia cordata

TREMBLE

Famille des Salicacées

Les feuilles de ce grand peuplier se singularisent par un pétiole long et aplati et un limbe très fin, ce qui explique leur frémissement à la moindre brise, d'où le nom de cet arbre.

Le tremble est répandu partout, dans les haies, à la lisière des forêts..., de la plaine à plus de 1 000 m d'altitude, en Europe, en Asie, et en Afrique du Nord.

Feuillage caduc, vert, avec un revers plus clair.

Adulte : 25-30 m. Croissance très rapide.

Il est assez indifférent à la nature du sol, mais exige une exposition ensoleillée.

En février-mars, chatons mâles très nombreux, blanc-gris, chatons femelles verdâtres.

Chatons à maturité en mai.

Au jardin

S'il accepte de pousser dans les terrains les plus ingrats, le tremble aime bien toutefois les sols riches et légers, où il pousse encore mieux. Allégez à tout prix une terre argileuse en incorporant de la tourbe blonde. Plantez-le en hiver, les jours où il ne gèle pas. Ne l'installez surtout pas à l'ombre d'autres arbres : il exige en effet beaucoup de lumière.

Espèces voisines

*Le peuplier blanc (*Populus alba*), voir page 38 et le peuplier gris (*Populus canescens*), voir page 40.*

Utilisation

Puisqu'il se montre indifférent à la nature du sol, le tremble s'avère idéal pour garnir les endroits incultes à terre ingrate. Mais attention, cette espèce drageonne abondamment et risque de se révéler envahissante au bout de plusieurs années.

A noter

Le tremble est un arbre dioïque (un sexe par plante) : ainsi, les sujets mâles produisent au printemps de très nombreux chatons blanc-gris avec des étamines pourpres. Les plantes femelles émettent des petits chatons verdâtres de 4 cm, trois fois plus grands à maturité.

Populus
tremula

AUBÉPINE

Famille des Rosacées

Frappée de plein fouet par le feu bactérien, cette rosacée, commune dans toute l'Europe, ainsi qu'en Afrique du Nord et en Asie occidentale, est actuellement interdite de culture et de vente en France et en de nombreux pays européens. Cette interdiction vise toutes les espèces de Crataegus. *Dommage, car il s'agit de petits arbres très rustiques, réellement stupéfiants lors de leur généreuse floraison, et souvent décoratifs en automne par leurs baies.*

Feuillage caduc, vert et lisse sur les 2 faces.

Adulte : 6 m. Croissance assez rapide.

Elle accepte tout sol sauf acide et toute exposition sauf l'ombre dense.

En mai, fleurs blanches très parfumées.

En automne, fruits rouges ou cenelles, typiques par leur graine unique.

Au jardin

Si, par chance, vous possédez des aubépines sauvages au sein d'une haie, vous découvrirez sans doute de jeunes plants à la base. Vous pouvez les transplanter en hiver, où vous le désirez.

Espèce voisine

Le Crataegus oxyacantha, *très voisin, se distingue par des feuilles moins lobées et des fruits à plusieurs graines.*

Utilisation

L'aubépine fait merveille dans les haies bocagères fleuries, constituées de diverses plantes.

A noter

Le feu bactérien est une maladie incurable qui sévit chez certaines rosacées comme les poiriers, aubépines, cotonéasters...
Heureusement, elle ne concerne que certaines espèces et certaines variétés de ces plantes. La maladie est foudroyante et s'étend rapidement à toute la plante, après avoir brûlé et desséché tous les rameaux. Si tel est le cas, déplantez sans tarder la plante atteinte et brûlez-la. Prenez aussi la précaution de changer la terre à cet endroit, sur l'épaisseur des racines.

Crataegus monogyna

CHÊNE PÉDONCULÉ

Famille des Fagacées

Les branches ont un port étalé conférant à l'arbre une silhouette typique ; le tronc des sujets âgés devient noueux et irrégulier. En automne, le feuillage prend une séduisante teinte tabac et reste présent longtemps sur l'arbre (semi-marcescent) durant l'hiver. Ce chêne majestueux, de grande longévité, orne les plaines et les forêts de toute l'Europe, de la Russie à l'Espagne.

Feuillage caduc, vert foncé, à revers plus pâle.

Adulte : 30-50 m. Croissance lente au départ, plus rapide ensuite.

Il lui faut un sol frais et humide, et une exposition bien ensoleillée.

En avril-mai, chatons mâles jaune verdâtre en grappes très fines ; chatons femelles discrets, blanchâtres, à l'aisselle des feuilles.

En septembre-octobre, glands ovoïdes, par 2 ou 3 sur un pédoncule de 4 à 6 cm de long.

Au jardin

Ce chêne est lent à s'établir les premières années, aussi soignez sa plantation : tourbe et compost incorporés au mélange terreux et arrosages copieux les premiers étés. Plantez-le dès la fin novembre.

Espèces voisines

*Le chêne chevelu (*Quercus cerris*), 35 m, d'Asie occidentale et du sud-est de l'Europe, à cime pyramidale et écorce noirâtre et crevassée.*

*Le chêne de Hongrie (*Quercus frainetto*), 30-40 m, originaire des Balkans, Turquie et sud de l'Italie, à cime arrondie.*

*Le chêne rouvre (*Quercus petraea*), 50 m, voisin du chêne pédonculé mais portant des glands sessiles.*

*Le chêne blanc de Provence (*Quercus pubescens*), 12-15 m, le chêne truffier du sud de l'Europe, Caucase et Asie occidentale, avec des feuilles vert foncé à revers blanchâtre.*

Utilisation

Vu son exigence en lumière, seule une plantation isolée convient au chêne pédonculé qui sera ainsi parfaitement mis en valeur.

Quercus robur

ÉRABLE SYCOMORE

Famille des Acéracées

Très rustique, cet érable répandu dans toute l'Europe pousse jusqu'à la limite des feuillus en altitude. Il peuple aussi les parcs et jardins avec les variétés à feuillage cuivré ou pourpre. L'espèce type se singularise par une cime peu étalée et régulière, un tronc droit et puissant et un feuillage vert devenant jaune d'or en automne.

Feuillage caduc, vert foncé mat, à revers vert-gris.

Adulte : 30-40 m. Croissance très rapide.

Il pousse en tout sol, à exposition ensoleillée.

En avril-mai, fleurs en longues grappes vert jaunâtre.

En septembre-octobre, fruits ailés marron (samares).

Au jardin

L'érable sycomore accepte tous les terrains, même les plus ingrats, et les sols secs et calcaires. Plantez-le, sans précaution particulière, entre novembre et mars.

Espèces voisines

*L'érable champêtre (*Acer campestre*), 15 m, d'Europe et Asie occidentale : écorce très sillonnée, et jolis coloris jaunes, orange et cuivrés en automne.*
*L'érable à feuilles d'obier (*Acer opalus*), 15 m, du sud de l'Europe, petit arbre à cime arrondie, résistant à la sécheresse et au calcaire.*
*L'érable plane (*Acer platanoides*), 20-25 m, commun dans toute l'Europe : écorce lisse, très jolies teintes automnales.*

Utilisation

Plantez l'érable sycomore isolé ou aligné le long d'une allée. Dans tous les cas, prenez garde à l'envahissement de cette espèce qui se ressème vite et se dissémine facilement.

Acer pseudoplatanus

CYTISE

Famille des Fabacées

Une véritable pluie d'or, c'est ce qu'évoque ce petit arbre-grand arbuste au printemps lorsque ses branches ploient sous une nuée de longues grappes jaunes, fort décoratives.

Le cytise est commun du sud de la France à la Roumanie, et s'est naturalisé dans l'est de la France et en région parisienne.

Feuillage caduc, vert pâle.

Adulte : 5-10 m. Croissance assez rapide.

Il vient en tout sol non humide à l'excès, à exposition ensoleillée ou mi-ombragée.

En mai, longues grappes dorées, pendantes.

Fructification en juillet-août.

Au jardin

Installez le cytise dans un terrain qui ne soit pas marécageux. A vous de choisir l'exposition, en sachant qu'à mi-ombre, la floraison sera retardée, mais plus belle. Effectuez la plantation en hiver, les jours où il ne gèle pas.

Espèce voisine

*Le cytise des Alpes (*Laburnum alpinum*), 5 m, originaire d'Écosse et du sud de l'Europe, dont les Alpes du Dauphiné. Cette espèce se singularise par ses grappes parfumées qui s'épanouissent en juin.*

Utilisation

Plantez le cytise au sein d'une haie bocagère fleurie, ou bien en isolé. Dans ce cas, retenez cette idée d'association splendide : cytise et glycine à grappes violacées, afin d'obtenir une heureuse floraison concomitante de grappes mariant le mauve et le jaune.

A noter

Après la floraison, le cytise perd son intérêt, d'autant plus que ses grappes fanées s'avèrent peu esthétiques. Dans la mesure du possible, coupez-les : vous éviterez de la sorte une dissémination trop importante des graines. Faites courir dans le cytise une clématite à floraison tardive afin d'égayer les beaux jours.

Laburnum anagyroides

FRÊNE COMMUN

Famille des Oléacées

Affublé d'une silhouette plutôt régulière, ce frêne se reconnaît à ses rameaux lisses, vert grisâtre, ponctué de lenticelles et de bourgeons noirs en hiver. Le tronc, généralement droit, reste lisse longtemps chez les jeunes arbres et se creuse ensuite de fines crevasses.

Le frêne commun est répandu à travers toute l'Europe, sauf en région méditerranéenne où il est remplacé par le frêne oxyphylle.

Feuillage caduc, vert avec un revers plus pâle et glabre, sauf sur la nervure médiane.

Adulte : 40 m. Croissance très rapide.

Il se plaît en tout sol, même humide, à exposition de préférence ensoleillée.

En avril-mai, fleurs sans pétales en grappes violettes.

En octobre-novembre, fruits ailés, verts puis bruns, en grosses grappes pendantes.

Au jardin

Si le frêne commun se montre indifférent à la nature du sol et accepte de pousser en terrain humide, il préfère le plein soleil. Installez-le en place entre novembre et mars en évitant les périodes de gel.

Espèces voisines

*Le frêne du Sud (*Fraxinus angustifolia*), 25 m, du sud de l'Europe, Afrique du nord et Asie occidentale : arbre superbe à folioles fines et pointues et à bourgeons bruns.*

*Le frêne à fleurs (*Fraxinus ornus*), 10 m, parfois 20 m, un petit arbre originaire du sud de l'Europe et de l'ouest de l'Asie, précieux par sa généreuse floraison odorante en mai-juin.*

*Le frêne oxyphylle (*Fraxinus oxycarpa*), 15 m, commun du sud de l'Europe à l'Iran et au Turkestan, un frêne méditerranéen fort rustique, dont l'écorce se fend en plaques carrées.*

Utilisation

Le frêne commun montre toute sa vigueur lorsqu'il est isolé. Mais il se prête aussi à la formation de rideaux ou à la plantation le long d'une allée.

Fraxinus excelsior

NOYER COMMUN

Famille des Juglandacées

Cet arbre est très apprécié pour son bois, de grande valeur. L'écorce du tronc reste longtemps lisse et argentée puis se fissure avec l'âge.

Originaire du sud-est de l'Europe, ainsi que de l'Himalaya et de la Chine, le noyer commun a franchi de nombreuses frontières depuis des siècles pour être cultivé sous toutes les latitudes, si bien qu'il donne l'impression d'être présent partout.

Feuillage caduc, composé de 3 à 9 folioles, la terminale étant plus grosse.

Adulte : 30 m. Croissance assez lente.

Il aime un sol profond, riche, calcaire, à exposition ensoleillée, abritée des gelées printanières.

En avril-mai, fleurs mâles en chatons pendants, vert jaunâtre ; fleurs femelles minuscules.

En septembre-octobre, fruits ronds, charnus, contenant une noix ligneuse, ridée.

Au jardin

Plantez le noyer commun en sol riche et profond, voire calcaire, frais mais sans humidité excessive, et bannissez à tout prix les terrains argileux, froids et détrempés. Choisissez un lieu bien ensoleillé, abrité si possible des vents dominants. Mettez-le en place de préférence avant l'hiver.

Espèce voisine

*Pas d'autre espèce européenne : citons toutefois le noyer noir (*Juglans nigra*), un grand arbre, 50 m, originaire des États-Unis, souvent cultivé chez nous dans les parcs et jardins.*

Utilisation

Isolez cet arbre imposant pour le mettre en valeur.

A noter

Le noyer commun n'est pas vraiment rustique : en effet, il tolère mal les gelées tardives, ce qui explique son absence dans les régions froides du nord et de l'est de la France, ainsi qu'en montagne.

Juglans regia

SORBIER DES OISELEURS

Famille des Rosacées

Très rustique, ce petit arbre prolifère dans toute l'Europe jusqu'à 2 000 m en altitude, mais est très courant en plaine également où il est souvent planté le long des routes. Il est surtout apprécié pour ses baies rouges fort décoratives qui naissent en été dans le feuillage vert, persistent quand celui-ci a viré au roux et restent tant que les oiseaux le veulent bien...

Feuillage caduc, vert, revêtu à la naissance d'un duvet gris argenté.

Adulte : 15-20 m. Croissance assez rapide.

Il pousse en tout sol, même très acide ou très alcalin, à exposition ensoleillée de préférence.

En juin-juillet, fleurs blanches en corymbes.

D'août à décembre, fruits jaunes, devenant rouge vif à maturité.

Au jardin

Voilà un arbre vraiment indifférent à la nature du terrain, que vous pouvez planter en tout sol pourvu que le lieu soit ensoleillé : cela est important pour avoir une floraison, donc une fructification généreuses, ainsi que de jolis coloris automnaux. Plantez-le entre novembre et mars.

Espèces voisines

*L'alisier torminal (*Sorbus torminalis*), voir page 48.*

*L'alisier de Fontainebleau (*Sorbus latifolia*), 16 m, répandu en Europe centrale, avec des feuilles argentées au revers et des fruits rouge-brun.*

*L'alisier du Nord (*Sorbus intermedia*), 12-15 m, commun au nord de l'Allemagne et au sud de la Scandinavie. Les feuilles ont un revers feutré, gris, les jeunes pousses sont laineuses, les fruits rouge orangé.*

*L'alisier blanc (*Sorbus aria*), voir page 12.*

*Le cormier (*Sorbus domestica*), 15-20 m, originaire du sud de l'Europe et d'Afrique du Nord. Ses feuilles vertes sont composées, ses gros fruits (cormes) présentent l'aspect de petites poires.*

Utilisation

Le sorbier des oiseleurs vient aussi bien isolé qu'au sein d'une haie bocagère, constituée de différents arbres et arbustes.

Sorbus aucuparia

SUREAU

Famille des Caprifoliacées

Trop souvent dénigré et délaissé, le sureau forme pourtant un intéressant arbuste ou petit arbre. Ses atouts sont nombreux : il prend une jolie forme et accepte bien la taille, il fleurit joliment de façon exubérante en fin de printemps et surtout, il est très rustique et pousse partout.

Cette espèce est très répandue dans toute l'Europe, du Caucase à la Sibérie occidentale.

Feuillage caduc, vert, à odeur désagréable lorsqu'on le froisse.

Adulte : 6 m. Croissance rapide.

Il accepte tout sol, même ingrat ou très calcaire, à exposition ensoleillée.

En mai-juin, ombelles de fleurs blanches parfumées.

En août-septembre, baies rouges, puis noires.

Au jardin

Plantez le sureau durant l'hiver sans précaution particulière : cet arbre vient partout, même en terrain pauvre ou très calcaire. Installez-le au soleil de préférence afin qu'il fleurisse bien.

Espèce voisine

*Le sureau à grappes (*Sambucus racemosa*), 2-3 m, originaire d'Europe et de l'Asie occidentale : sa floraison se produit avant la naissance des feuilles.*

Utilisation

Préférez les variétés du sureau admirables par leur feuillage, doré chez 'Aurea', lacinié chez 'Laciniata' ou pourpre chez 'Purpurea'. Installez ces formes en isolé. Si vous optez pour le sureau type, plantez-le au sein de haies bocagères fleuries, en compagnie d'aubépine ou de cytise.

A noter

Vous connaissez peut-être les beignets de fleurs de sureau. Mais savez-vous que les baies donnent d'excellentes confitures ou gelées, et même du vin ?

Sambucus nigra

DOUGLAS VERT

Famille des Abiétacées

Le douglas vert est le roi des conifères pour sa rapidité de croissance et sa vigueur. Il présente une silhouette pyramidale, élancée, avec un tronc puissant, bien droit.

Originaire de la côte du Pacifique de l'Amérique du Nord, ce conifère a d'abord été introduit en Europe comme arbre d'ornement. En France, il est devenu l'une des principales essences utilisées en sylviculture.

Feuillage persistant, vert assez foncé.

Adulte : 30-50 m, 100 m dans son pays d'origine. Croissance très rapide.

Il pousse en tout sol non calcaire, à exposition ensoleillée.

En mai, fleurs mâles globuleuses, jaunâtres ; fleurs femelles plus allongées, verdâtres ou violacées.

Cônes pendants, brun clair à maturité, se détachant entiers de l'arbre.

Au jardin

Évitez les endroits ou les régions très ventés : le douglas vert s'enracine superficiellement et résiste mal aux forts coups de vent. Plantez-le en tout sol non calcaire, en un lieu dégagé. Les deux périodes de plantation les plus favorables sont septembre-octobre et avril.

Espèces voisines

*C'est la seule espèce de ce genre qui soit cultivée en masse dans notre continent. Les espèces originaires de Chine (*Pseudotsuga sinensis*) et du Japon (*Pseudotsuga japonica*) sont seulement utilisées comme arbres d'ornement.*

Utilisation

Plantez ce vigoureux conifère en isolé pour qu'il ait de la place et soit mis en valeur.

A noter

Les aiguilles du douglas vert ressemblent à celles du sapin. Pour les différencier facilement, sachez que celles du douglas sont très pétiolées et laissent une cicatrice saillante, en coussinet, lorsqu'on les arrache. En outre, elles exhalent un puissant parfum d'orange lorsqu'on les froisse.

Pseudotsuga menziesii

ÉPICÉA COMMUN

Famille des Abiétacées

Notre « sapin de Noël » pousse spontanément dans les montagnes du nord et du centre de l'Europe, jusqu'à 2 000 m d'altitude, ainsi que dans les plaines des régions septentrionales. Très utilisé en sylviculture, il se naturalise bien partout, sauf dans les terrains secs. Il diffère des vrais sapins par ses cônes pendants, se détachant entiers, par ses aiguilles piquantes et l'écorce rugueuse de ses rameaux.

Feuillage persistant, aiguilles vertes, courtes, de section triangulaire.

Adulte : 30-50 m, voire 70 m. Croissance rapide.

Offrez-lui un sol aéré, humide et froid, à exposition ensoleillée.

En mai, chatons mâles dans le bas, chatons femelles dans la cime.

Cônes pendants, tombant entiers à maturité.

Au jardin

Plantez-le au soleil, en terrain lourd, mais pas trop compact, humide et ne se desséchant pas l'été. Mettez-le en place en septembre-octobre de préférence ou bien en avril.

Espèces voisines

*L'épicéa de Serbie (*Picea omorika*), voir page 70. L'épicéa de Sibérie (*Picea obovata*), 20-25 m, un petit arbre rarement cultivé, originaire du nord de l'Europe et du nord de l'Asie.*
*Toutes les autres espèces sont originaires d'Amérique du nord comme l'épicéa du Colorado (*Picea pungens*), ou de l'est de l'Asie comme* Picea bicolor *du Japon.*

Utilisation

Plantez l'épicéa commun isolé le long d'une allée. Ou alors menez-le en haie brise-vent car il supporte très bien la taille.

Picea abies

ÉPICÉA DE SERBIE

Famille des Abiétacées

Ce conifère est remarquable par sa silhouette élancée, avec des branches assez courtes, horizontales, à peine descendantes, se relevant à l'extrémité. Son feuillage offre un saisissant contraste de couleurs : les aiguilles qui se forment entre avril et septembre naissent bleues, sur un fond vert foncé.

Originaire des montagnes de Yougoslavie, l'épicéa de Serbie se naturalise parfaitement dans les jardins, les forêts et même les villes.

Feuillage persistant, vert foncé, glauque au revers.

Adulte : 30-40 m. Croissance rapide.

Il préfère un sol sec et une exposition ensoleillée.

En avril-mai, fleurs mâles rouge carmin ; cônes femelles rouge vif puis verdâtres.

Cônes étroits, fusiformes, brun foncé à maturité.

Au jardin

Installez l'épicéa de Serbie en tout sol, même calcaire ou un peu humide, et au soleil. Comme pour tous les résineux persistants, plantez-le en septembre-octobre ou en avril, lorsque les gelées ne sont plus à craindre.

Espèces voisines

*L'épicéa commun (*Picea abies*),* *voir page 68.*

*L'épicéa de Sibérie (*Picea obovata*).*

Utilisation

Regroupez l'épicéa de Serbie par touffes de 3 ou 5 arbres au lieu de le planter en isolé. Vous pouvez également constituer de superbes rideaux toujours verts en alignant plusieurs conifères espacés de 1,50 – 2 m.

A noter

Cette espèce n'a été découverte que vers 1890 dans son habitat naturel en Yougoslavie. Elle s'avère si peu exigeante en ce qui concerne le sol et le climat qu'elle réussit partout : en forêt (essence appréciée pour son bois), dans les parcs et jardins, et même en ville car elle résiste très bien à la pollution.

Picea omorika

MÉLÈZE DU JAPON

Famille des Abiétacées

Comme chez tous les mélèzes, les aiguilles de cette espèce se parent d'une superbe teinte, beige clair rosé, en automne avant de tomber... Car le mélèze est un des rares conifères à feuillage caduc.

De croissance plus rapide que le mélèze d'Europe, le mélèze du Japon, originaire de ce pays, supplante déjà cette espèce dans toutes les forêts du nord et de l'ouest de l'Europe.

Feuillage caduc, vert bleuté, beige clair rosé en automne.

Adulte : 40 m. Croissance rapide.

Plantez-le en tout sol plutôt humide, à exposition ensoleillée, climat humide.

En mars, fleurs femelles en chatons globuleux ; fleurs mâles en chatons jaunâtres plus petits.

En automne, cônes bruns, en forme de rosette aplatie, avec des écailles recourbées vers l'extérieur à la base.

Au jardin

Avant tout, réservez le mélèze du Japon aux régions à climat humide (Ouest et Nord). En région plus sèche, préférez le mélèze d'Europe. Effectuez la plantation en tout sol, plutôt humide, entre décembre et mars, les jours où il ne gèle pas.

Espèces voisines

*Le mélèze d'Europe (*Larix decidua*), 40 m, à feuillage vert clair, devenant jaune d'or en automne.*

*Le mélèze de Dunkeld (*Larix x eurolepis*), 40 m, vigoureux hybride entre le mélèze du Japon et le mélèze d'Europe, à croissance plus rapide et meilleure résistance à la sécheresse.*

Utilisation

Associez ce conifère à des feuillus également magnifiques par leur feuillage en automne. Ou plantez-le le long d'une allée, en espaçant chaque arbre de 4 à 5 m.

A noter

Outre une croissance plus rapide, le mélèze du Japon montre une meilleure résistance à la pollution atmosphérique que l'espèce européenne. Il donne ainsi de bons résultats dans les parcs et jardins des villes.

Larix kaempferi

PIN CEMBRO

Famille des Abiétacées

*En compagnie du pin à crochets (*Pinus uncinata*) et du mélèze, le pin cembro garnit les forêts élevées de montagne.*

Le pin cembro est spontané dans les Carpates et dans les Alpes, rarement en dessous de 1 700 m d'altitude. Il est assez rare en France, dans les Alpes, entre 1 400 et 2 500 m de haut. On l'appelle également arolle ou alvier.

Feuillage persistant, aiguilles groupées par 5, vert foncé dessus, un peu glauques dessous.

Adulte : 20 m, parfois 35 m. Croissance lente.

Il pousse en sol pierreux, riche et acide, à exposition ensoleillée.

En mai-juin, chatons mâles jaunâtres puis rougeâtres ; chatons femelles rouge violacé.

En automne, cônes ovoïdes, brun violacé, souvent dressés.

Au jardin

Réservez le pin cembro aux jardins d'altitude ou essayez à la rigueur de l'acclimater dans les régions à climat humide. Plantez-le en septembre-octobre ou en avril-mai après la fonte des neiges, dans un sol riche, acide et en plein soleil.

Espèces voisines

Voici deux autres espèces de pin montagnard :

*le pin à crochets (*Pinus uncinata*), 25 m, vivant entre 1 500 et 2 300 m, dans les Pyrénées surtout et dans les Alpes ;*

le pin sylvestre (Pinus sylvestris), *voir page 84, répandu à moindre altitude, jusqu'à 1 300 m de haut.*

Utilisation

Isolez de préférence ce conifère peu commun et montrez-vous patient, car son développement est lent...

Pinus cembra

PIN D'ALEP

Famille des Abiétacées

Avec sa cime en forme de parasol, il évoque le pin de ce nom, auprès duquel il cohabite souvent, mais il en diffère par un tronc beaucoup plus tortueux. Cette espèce compte parmi les pins les plus résistants à la chaleur et à la sécheresse, mais ne supporte pas les froids en dessous de – 12 °C.

Il est originaire du Bassin méditerranéen et de l'ouest de l'Asie.

Feuillage persistant, aiguilles assez courtes, vert jaunâtre, groupées par 2.

Adulte : 20 m, parfois 25 m. Croissance assez rapide.

Il supporte un sol rocheux, calcaire et aride, à exposition ensoleillée, climat chaud.

En juin-juillet, chatons mâles groupés à la base des rameaux de l'année ; fleurs femelles discrètes.

Cônes pointus, souvent groupés, bruns à maturité, restant plusieurs années sur l'arbre.

Au jardin

Avide de soleil, de chaleur et très gélif, le pin d'Alep trouve son bonheur dans les jardins du Midi ou à la rigueur dans un jardin du littoral, en un lieu chaud et abrité. Plantez-le en septembre-octobre ou en avril.

Espèces voisines

*Le pin parasol ou pin pignon (*Pinus pinea*), 30 m, vraiment typique de la région méditerranéenne.*

*Le pin des Canaries (*Pinus canariensis*), 20-25 m.*

*Le pin brutia (*Pinus brutia*), 20-25 m, qui remplace le pin d'Alep à l'est du bassin méditerranéen.*

*Le pin maritime (*Pinus pinaster*), 30 m, voir page 80, commun dans l'ouest méditerranéen.*

Les différents pins noirs, voir page 82, originaires des régions méditerranéennes.

Utilisation

Isolez de préférence ce magnifique résineux ou groupez 3 ou 5 sujets. Ou encore, constituez-en une allée, peu banale.

Pinus halepensis

PIN MARITIME

Famille des Abiétacées

Le pin maritime ou pin des Landes fut planté massivement dans le Sud-Ouest, dès la Révolution : pour retenir les dunes mouvantes, puis pour en extraire la résine dont on tire la térébenthine. Il y trouve un sol sablonneux et acide, une température douce, jamais trop froide.

Ce pin règne en maître sur la côte atlantique en France mais aussi au Portugal.

Feuillage persistant, aiguilles vert grisâtre, groupées par 2.

Adulte : 30 m. Croissance rapide.

Il pousse en sol sablonneux, pauvre et acide, à exposition ensoleillée.

En avril-mai, chatons mâles jaune d'or, groupés à la base des rameaux de l'année, chatons femelles verdâtres.

Cônes mettant 2 ans à mûrir et restant sur l'arbre plusieurs années.

Au jardin

Réservez ce pin au Sud-Ouest ou aux jardins des régions littorales, dans un endroit chaud et abrité. Retenez qu'il est allergique au calcaire. Aussi, plantez-le en septembre-octobre dans un sol léger et acide ; si ce n'est pas le cas, aménagez une fosse remplie de terre de bruyère (deux parts) et tourbe brune acide (une part).

Espèces voisines

*Le pin d'Alep (*Pinus halepensis*), voir page 78.*
*Le pin parasol (*Pinus pinea*).*
*Le pin des Canaries (*Pinus canariensis*).*
*Le pin brutia (*Pinus brutia*).*
Les différents pins noirs originaires des régions méditerranéennes, voir page 82.

Utilisation

Plantez le maritime en groupes de 3 à 5 plutôt qu'en isolé. Vous pouvez aussi le marier à d'autres pins méditerranéens.

Pinus pinaster

PIN NOIR

Famille des Abiétacées

La silhouette du pin noir est très variable d'un arbre à l'autre. L'écorce des jeunes branches est très foncée, d'où le nom de l'espèce.

Le pin noir comporte plusieurs sous-espèces largement réparties dans le sud de l'Europe, les Balkans et certaines régions méditerranéennes : Corse, Sardaigne, sud de l'Italie, sud-ouest de la France, Espagne.

Feuillage persistant, aiguilles vert sombre à vert noirâtre, groupées par 2.

Adulte : 20 à 30 m. Croissance rapide.

Offrez-lui un sol sec, plutôt calcaire, à exposition ensoleillée.

En mai-juin, chatons mâles jaune brunâtre clair ; chatons femelles pourpre foncé.

Cônes d'abord verts, puis brun noirâtre à maturité, de taille moyenne et s'ouvrant facilement.

Au jardin

Plantez le pin noir au soleil, en tout sol non acide, de préférence sec. Cette espèce s'accommode fort bien d'un terrain calcaire. Effectuez la plantation en septembre-octobre ou en avril.

Sous-espèces

Le pin noir compte de nombreuses sous-espèces, dispersées dans plusieurs régions d'Europe.

*Le pin noir d'Autriche (*Pinus nigra nigra*), répandu de l'Autriche aux Balkans.*

*Le pin laricio de Corse (*Pinus nigra maritima*), commun en Corse, Sardaigne, sud de l'Italie.*

*Le pin de Salzmann (*Pinus nigra salzmannii*), au sud-ouest de la France et en Espagne.*

Le Pinus nigra dalmatica, *sur le littoral de Yougoslavie.*

Utilisation

Rustique, le pin noir vient partout, aussi bien en montagne qu'en bord de mer où il constitue des brise-vent appréciables. Pour cela, regroupez les arbres en les espaçant de 1,50 à 2 m.

Pinus nigra

PIN SYLVESTRE

Famille des Abiétacées

Avec sa parure vert bleuté et le coloris brun-rouge de son tronc et de ses rameaux, le pin sylvestre se reconnaît aisément. L'aire de répartition de cette espèce est immense — de l'Espagne au nord de la Sibérie ! Aussi dénombre-t-on une infinité de sous-espèces régionales. En outre, le pin sylvestre conquiert aussi bien les plaines que les moyennes montagnes, jusqu'à 1 300 m d'altitude.

Feuillage persistant, aiguilles vert bleuté, groupées par 2.

Adulte : 30 m, voire plus. Croissance rapide.

Il se plaît en tout sol, à exposition ensoleillée.

En avril-mai, chatons femelles rougeâtres ; chatons mâles jaunes.

Cônes mûrissant, la 2e année, en fin d'été.

Au jardin

Le pin sylvestre accepte aussi bien un terrain argileux que sablonneux ou calcaire, mais préfère un sol léger, assez sec et peu alcalin. Si vous l'installez dans une terre lourde, allégez-la par un apport copieux de tourbe blonde. Plantez-le, en un lieu ensoleillé, en septembre-octobre ou en avril.

Espèces voisines

Ces deux espèces de pin viennent aussi en montagne, à des altitudes plus élevées.
*Le pin à crochets (*Pinus uncinata*), 25 m, spontané entre 1 500 et 2 300 m, dans les Pyrénées surtout et dans les Alpes.*
*Le pin cembro (*Pinus cembra*), voir page 76, 20 m, poussant dans les Carpates et les Alpes, entre 1 400 et 2 500 m.*

Utilisation

Dans les régions ventées, tirez parti de la végétation rapide du pin sylvestre pour créer de grands rideaux libres, en alignant plusieurs conifères distants de 1,50 m à 2,50 m.

A noter

La silhouette de l'arbre change complètement avec l'âge : conique chez les jeunes sujets, elle devient progressivement étalée et irrégulière.

Pinus sylvestris

SAPIN COMMUN

Famille des Abiétacées

Avide de fraîcheur et d'ombre, le sapin commun exige une humidité atmosphérique convenable. Aussi, s'il est commun dans les forêts des Vosges et de Normandie, il ne pousse que sur les versants nords (ubacs), à sol frais, dans les Alpes, les Pyrénées et même la Corse et les montagnes des Balkans. Ce sapin très vigoureux offre une silhouette conique, élancée, avec des étages réguliers. Le feuillage est décoratif par son revers argenté.

Feuillage persistant, aiguilles assez courtes, vert foncé dessus, argentées dessous.

Adulte : 50 m. Croissance rapide.

Il pousse en tout sol frais, profond et assez riche, à exposition ombragée, climat frais.

En avril-mai, fleurs mâles en petits chatons coniques jaune vif ; fleurs femelles vertes.

Cônes érigés verdâtres, brun orangé puis brun pâle.

Au jardin

Réservez le sapin commun aux régions à climat frais, ou plantez-le à l'ubac en altitude. Plantez-le en septembre-octobre de préférence, dans un mélange de terre et de tourbe blonde, et à exposition ombragée.

Espèces voisines

*Outre les espèces voisines du sapin de Nordmann, voir page 88, qui sont différentes du sapin commun, le seul autre sapin originaire d'Europe est le sapin de Grèce (*Abies cephalonica*), 30-35 m, qui ne possède rien de commun avec les autres espèces : cet arbre à aiguilles courtes et piquantes, brillantes dessus, blanchâtres dessous, croît dans les sols secs et préfère les climats secs. Tous les autres sapins viennent d'Amérique du Nord — sapin argenté du Colorado (*Abies concolor*) — ou d'Asie, comme le sapin de Corée (*Abies koreana*) : ces espèces ne sont cultivées qu'à titre ornemental dans les jardins.*

Utilisation

La silhouette du sapin commun ne justifie pas une plantation isolée. Associez plusieurs sujets de façon à former un groupe ou plantez-les le long d'une allée.

Abies alba

SAPIN DE NORDMANN

Famille des Abiétacées

Ce résineux pousse lentement mais sûrement, puisque dans son habitat il dépasse allégrement 50 m de haut. Majestueux, il forme un cône régulier chez les jeunes sujets, puis sa silhouette est de plus en plus fuselée, et il garde toujours des branches bien étalées jusqu'à la base.

Originaire du Caucase, de Géorgie et d'Asie Mineure, cette espèce fut introduite en Europe au milieu du siècle dernier.

Feuillage persistant, aiguilles vert foncé, brillant dessus, blanches dessous.

Adulte : 40-50 m. Croissance lente.

Il est bien, en tout sol, même sec, à exposition ensoleillée.

En avril-mai, fleurs mâles en petits chatons dressés, jaunâtres ou rougeâtres ; fleurs femelles en cônes verdâtres.

Cônes dressés vert pâle puis brunâtres.

Au jardin

Très résistant à la sécheresse et aux maladies, parfaitement rustique et insensible aux gelées printanières puisqu'il débourre très tard, cet arbre réussit partout. Plantez-le en tout sol, au soleil, en septembre-octobre ou en avril.

Espèces voisines

*Le sapin de Turquie (*Abies bornmuelleriana*), originaire des régions plus orientales de l'Asie Mineure, très résistant à la sécheresse. Le sapin d'Andalousie (*Abies pinsapo*), commun dans les montagnes du sud de l'Espagne, résistant au calcaire.*

Utilisation

Plantez-le en isolé ou par groupes fusiformes de 3 ou 5, en contraste avec d'autres arbres à silhouette arrondie.

A noter

*Pour différencier les sapins (*Abies*) des épicéas (*Picea*), observez l'aspect des aiguilles : chez le sapin, elles sont fixées à la branche par une petite rondelle se détachant entièrement lorsqu'elles tombent. Chez l'épicéa, les aiguilles sont attachées au niveau de petites écailles sur le rameau, écailles qui persistent après la chute des aiguilles, et donnent un aspect rugueux aux rameaux.*

Abies nordmanniana

CYPRÈS D'ITALIE

Famille des Cupressacées

Avec sa silhouette élancée, en colonne, le cyprès d'Italie ou cyprès de Provence est un familier de tous les jardins méditerranéens. Il redoute le gel, surtout dans sa jeunesse, et adore chaleur, soleil et sols secs, pierreux. S'il croît lentement, il est doté d'une grande longévité.

Ce résineux est originaire du nord de l'Iran, d'Asie Mineure, de Crète et de Chypre.

Feuillage persistant, écailleux, vert sombre.

Adulte : 15-20 m. Croissance lente.

Il se plaît en sol sec, pierreux, à exposition ensoleillée, climat méditerranéen.

En mars, fleurs mâles et femelles en petits chatons, jaunâtres, à l'extrémité des branches.

Cônes globuleux, gris-brun, mûrissant en deux années.

Au jardin

Réservez ce cyprès à la région méditerranéenne. Plantez-le dans un endroit chaud à l'abri des vents froids, en sol sec, pierreux, voire calcaire. Installez-le en octobre ou en avril.

Espèces voisines

*Le cyprès de Lambert (*Cupressus macrocarpa*), originaire de Californie, est beaucoup planté en Europe sur la côte atlantique.*
*Le cyprès de l'Arizona (*Cupressus glabra*), originaire de l'ouest de l'Amérique du Nord, à joli feuillage gris bleuté, fut introduit en Europe il y a un siècle. Il résiste parfaitement au froid et à la sécheresse et est utilisé pour reboiser les régions situées entre 1 800 et 2 500 m d'altitude.*

Utilisation

Tirez parti de la silhouette fusiforme peu commune du cyprès d'Italie pour le faire surgir par exemple au milieu de plantes tapissantes. Plantez-le isolé ou par groupe, en nombre impair.

A noter

Depuis l'Antiquité, le cyprès d'Italie est fameux pour son bois censé être imputrescible. Dans les régions méditerranéennes, ce symbole de l'immortalité figure dans tous les cimetières.

Cupressus sempervirens

GENÉVRIER DE VIRGINIE

Famille des Cupressacées

Cet arbre fusiforme, très touffu, ressemble un peu au cyprès d'Italie. Il est exploité en foresterie dans la région méditerranéenne, surtout en Yougoslavie.

Originaire de l'est de l'Amérique du Nord, il fut introduit en Europe au XVIIe siècle. Il existe un grand nombre de cultivars améliorés.

Feuillage persistant, vert givré, roussissant légèrement par hiver rude.

Adulte : 10 m, 30 m dans son habitat naturel. Croissance assez lente.

Il aime un sol plutôt riche, pas trop sec, à exposition ensoleillée.

En mars-avril, fleurs mâles jaunâtres ; fleurs femelles très voisines.

Fruits sphériques ou ovales, brunâtre violet à maturité, mûrissant dès l'automne.

Au jardin

Plantez le genévrier de Virginie au soleil, dans un terrain assez riche, pas trop sec, ni trop humide, ni trop caillouteux. Cette espèce réussit en sol calcaire. Comme pour tous les conifères persistants, les meilleures époques de plantation sont septembre-octobre et avril.

Espèces voisines

*Le genévrier de Grèce (*Juniperus excelsa*), 20 m, à feuillage gris-vert, originaire d'Asie Mineure, des Balkans et du Caucase à l'Iran.*

*Le genévrier de Phénicie (*Juniperus phœnicea*), 5-8 m, forme sauvage commune en région méditerranéenne, au tronc souvent courbé, rampant ou oblique.*

*Le genévrier thurifère (*Juniperus thurifera*), 5-8 m, un montagnard à port conique et rameaux piquants, commun dans les Alpes du Sud, les Pyrénées, la Corse, l'Espagne et le Maroc où il atteint 20 m de haut.*

Utilisation

Comme avec le cyprès d'Italie, jouez avec le port colonnaire du genévrier de Virginie pour créer d'intéressants contrastes de volumes dans votre jardin.

Juniperus virginiana

LEXIQUE

Akène : fruit sec indéhiscent ne contenant qu'une graine et dont le péricarpe n'adhère pas à la graine.

Alterne : disposition des feuilles sur une tige, par opposition à opposé.

Baie : fruit charnu indéhiscent, contenant des graines (pépins) dispersées dans la pulpe.

Caduc : qui perd ses feuilles à un moment déterminé (automne), par opposition à persistant. Qualifie également un organe qui se détache.

Cannelé : muni de côtes longitudinales séparées par des sillons.

Chaton : épi souvent long et pendant de fleurs unisexuées dont le périanthe est remplacé par des écailles.

Cime : partie supérieure ramifiée d'un arbre, au-dessus du tronc.

Cône : groupe de fruits en forme de cône. Ces fruits sont composés d'écailles sous lesquelles se trouvent les graines.

Corymbe : inflorescence en forme d'ombelle, à pédoncules inégaux.

Cupule : petite coupe ligneuse composée d'écailles, imbriquées, enveloppant la base de certains fruits.

Dioïque : plante dont les fleurs mâles et femelles sont portées sur des sujets différents.

Écaille : feuille modifiée entourant ou protégeant certains organes.

Étamine : organe mâle d'une fleur.

Foliole : division élémentaire d'une feuille composée.

Glabre : dépourvu de poils.

Hermaphrodite : fleur possédant à la fois des pièces mâles et femelles.

Indéhiscent : se dit d'un fruit ne s'ouvrant pas à maturité.

Inflorescence : disposition des fleurs sur la plante.

Lenticelles : petits points à la surface de l'épiderme des tiges de certaines plantes, servant aux échanges gazeux.

Ligneux : qui a durci et est devenu bois.

Marcescent : restant sur les rameaux en hiver après dessèchement, pour les feuilles et les fruits.

Monoïque : plante dont les fleurs mâles et femelles sont portées par le même sujet.

Ombelle : inflorescence en parasol dont les pédoncules rayonnent en partant d'un même point.

Panicule : inflorescence de grappes composées.

Pédoncule : tige portant une fleur.

Périanthe : enveloppe protectrice des fleurs comprenant calice et corolle.

Persistant : se dit d'un feuillage qui reste sur l'arbre et se renouvelle sans qu'on le remarque.

Pétiole : support de la feuille qui la fixe à la tige. Lorsqu'il manque, la feuille est dite sessile.

Pubescent : couvert de poils fins et courts formant un duvet.

Sessile : sans pétiole (pour une feuille) ou sans pédoncule (pour une inflorescence ou un fruit).

Tomenteux : couvert de duvet à l'aspect cotonneux.

Verruqueux : qui porte de petites excroissances (verrues).

Zone de l'olivier : partie de la Côte d'Azur où l'olivier est rustique et traditionnellement cultivé. Elle s'étend de la côte vers l'intérieur, jusqu'à 60 km environ dans la vallée du Rhône, 100 km dans les Alpes-Maritimes.

INDEX